UNIVERSITÉ DE FRANCE.

FACULTÉ DE DROIT DE STRASBOURG.

ACTE PUBLIC

Sur l'effet des conventions ; la demande en interdiction ; et l'apposition des scellés, la nomination du juge-commissaire et des agens en cas de faillite ;

PRÉSENTÉ ET SOUTENU

A LA FACULTÉ DE DROIT DE STRASBOURG,

le Jeudi 13 Août 1835, à Midi,

POUR OBTENIR LE GRADE DE LICENCIÉ EN DROIT,

PAR

CHARLES-HENRI TRAWITZ,

DE STRASBOURG (DÉPARTEMENT DU BAS-RHIN),

BACHELIER ÈS-LETTRES ET EN DROIT.

STRASBOURG,

De l'imprimerie de F. G. LEVRAULT, imprimeur de la Faculté de droit.

1835.

A MES PARENS.

CHARLES TRAWITZ.

DROIT CIVIL.

De l'effet des conventions.

Introduction.

LA convention, *in sensu lato*, est le consentement de deux ou de plusieurs personnes sur le même objet. *In sensu stricto,* c'est ce consentement ayant pour objet une prestation juridique. Cette dernière espèce de convention entre seule dans le domaine du Droit; elle seule aussi nous occupera. L'effet de toute convention est de produire une obligation, c'est-à-dire, une nécessité juridique qui astreint une personne envers une autre à donner, à faire ou à ne pas faire quelque chose. La cause de cette obligation (*causa civilis obligandi*) réside dans le seul consentement des parties. Si, à l'instar des pactes du Droit romain, quelques contrats aléatoires, tels que le jeu et le pari, ne produisent qu'une obligation purement naturelle, destituée d'action, et garantie seulement par une exception, l'espèce de réprobation dont ces conventions sont frappées, a pour cause leur objet, mais non l'absence de ce qu'on appelait *causa civilis obligandi.*

La division du Droit romain des conventions en pactes et en contrats, selon qu'elles produisaient une obligation civile ou non, et la division de ces derniers en contrats réels, consensuels, verbaux et littéraux, ne sont donc plus admises en Droit français, quoiqu'elles semblent avoir influé sur la dénomination de certaines conventions (art. 1659) et sur la rédaction de quelques définitions données par le Code (art. 1875, 1892, 1915, 2071).

1

1.° Toute convention forme donc un contrat, si l'on définit le contrat : la convention (*sensu lato*) par laquelle une ou plusieurs personnes s'obligent envers une ou plusieurs autres à une prestation quelconque (à donner, à faire ou à ne pas faire quelque chose, art. 1101).

2.° Les termes de convention, de pacte et de contrat, peuvent être regardés comme synonymes, eu égard du moins à leurs effets, quoique, envisagés sous d'autres points de vue, il existe entre eux certaines différences.

Ainsi le terme de contrat signifie tantôt l'ensemble des conventions faites sur un même objet : c'est en ce sens qu'on appelle contrat de mariage, l'ensemble des conventions matrimoniales; tantôt on donne le nom de contrat à la convention principale, et le nom de pacte à la convention accessoire : tel est le pacte de réméré. Souvent aussi on appelle plus spécialement contrat, la convention rédigée par écrit devant un officier public. Toutes ces distinctions, cependant, sont plutôt grammaticales que fondées en Droit, et en tout cas la signification de ces termes ne répond jamais à celle des termes correspondans du Droit romain.

3.° Tous les contrats sont consensuels, si nous voulons nous servir de l'expression du Droit romain. Si dans quelques contrats, ayant pour objet une obligation de donner, la tradition est requise, cette tradition est plutôt l'effet de l'obligation que la cause, et si quelques contrats solennels exigent une rédaction par écrit, cette écriture est la forme extérieure à laquelle la manifestation du consentement est soumise, mais n'est jamais la cause de l'obligation. Dans tous les autres cas l'écriture ne sert qu'à la preuve des obligations.

Toute convention ayant pour effet immédiat une obligation, la recherche de l'effet des conventions comprendra celle de l'effet des obligations qui en résultent, c'est-à-dire des obligations conventionnelles, et réciproquement l'effet de ces dernières peut en même temps être envisagé comme un effet de la convention, qui n'en est qu'une cause plus éloignée.

Du reste, nous emploierons comme synonymes les termes d'obligation et d'engagement, sans nous arrêter à des distinctions très-utiles dans des ouvrages systématiques, mais qui ne sont admises ni par le Code ni par l'usage.

Dispositions générales.

Pour produire un effet juridique, il faut que les conventions soient légalement formées, c'est-à-dire, il faut qu'elles réunissent toutes les conditions requises par la loi pour leur existence et pour leur validité (art. 1108 et suivans). L'existence des conventions dépend du consentement des parties, d'un objet et d'une cause. Leur validité exige que ce consentement ne soit pas vicié par le dol, l'erreur ou la violence, ou par l'incapacité des parties, et que l'objet et la cause ne soient pas réprouvés par la loi. Les premières de ces conditions manquent-elles, la convention n'existe pas et ne peut donc avoir aucun effet; si les secondes viennent à défaillir, la convention existant de fait, peut être attaquée par une action en nullité, qui l'anéantit avec tous les effets qu'elle aurait produits avant cette action (*quod nullum est, nullum producit effectum*).

C'est à la théorie des preuves à développer les conditions nécessaires à l'efficacité des conventions devant les tribunaux (art. 1315 et suivans).

Si toutes les conditions nécessaires à l'existence et à la validité d'une convention se réunissent, l'obligation qui en résulte a force de loi entre les parties (art. 1134). Aussi l'officier qui rédige la convention dans un acte authentique a le droit de le revêtir du mandement royal, pour le faire mettre à exécution dans tout le royaume à l'instar des lois.

Les conventions, cependant, ne sont que des lois privées. La Cour de cassation n'est donc pas admise à prononcer sur la violation d'un contrat, à moins que la nature de ce contrat n'ait été déterminée par la loi; dans ce cas la loi publique serait violée, et il y aurait lieu à recours en cassation.

Non-seulement les conventions ont force de loi entre les parties, mais ces dernières peuvent même déroger aux lois publiques par des conventions particulières, pourvu néanmoins que ces conventions ne soient pas contraires aux bonnes mœurs et à l'ordre public (art. 6). Dans ce dernier cas elles seraient soumises à une action en nullité.

Elles ne peuvent être révoquées que du consentement mutuel des parties contractantes, ou pour les causes que la loi autorise.

Les parties, libres de contracter ou non au commencement, ne peuvent plus, une fois le contrat parfait, s'en désister, l'une sans le consentement de l'autre (*contractus sunt ab initio, voluntatis, ex post facto, necessitatis*). Mais la convention peut être révoquée de leur consentement mutuel; *nihil enim tam naturale est, quam eo genere quidque dissolvere quo colligatum est.* Le consentement des parties a fait la convention, leur consentement peut aussi la révoquer.

Par application de ce principe, les parties ne peuvent révoquer le contrat qui contient un avantage au profit d'un tiers qui l'a accepté (art. 1121). Par exception, le mariage, depuis l'abolition du divorce, ne peut plus être dissous par le consentement des parties, et les époux ne peuvent plus apporter aucun changement à leurs conventions matrimoniales après le mariage (art. 1395).

D'un autre côté, une seule des parties peut révoquer la convention, lorsqu'elle y est autorisée :

1.° Par une clause expresse : tel est le pacte commissoire, qui a pour effet d'autoriser l'une des parties à révoquer la convention, lorsque l'autre ne satisfait pas à son engagement : tel est le pacte de réméré (art. 1659 et suiv.); telles sont les clauses énoncées aux articles 1744 et 1761.

2.° Ou par la loi : tel est le cas dans les contrats synallagmatiques parfaits, où le pacte commissoire (ou la condition résolutoire, énoncée à l'article 1184) est toujours sous-entendu; tels sont les cas énoncés à l'article 1716, concernant le bail à loyer; à l'article 1869, concernant le contrat de société; et à l'article 2004, concernant le contrat de mandat.

Les causes de révocation autorisées par la loi sont énumérées aux articles 1234 et suivans, qui traitent de l'extinction des obligations.

Les conventions doivent être exécutées de bonne foi. Cette disposition de la loi non-seulement exclut le dol de l'exécution des conventions, elle abolit en même temps la distinction du Droit romain des contrats en contrats *stricti juris* et contrats *bonæ fidei*. Les premiers, qui comprenaient les contrats littéraux et verbaux, n'obligeaient qu'à ce qui y était expressément énoncé, les seconds qui comprenaient les contrats réels et consensuels, obligeaient à toutes les suites que leur donnaient l'usage, l'équité et la loi. En Droit français tous les contrats sont donc *bonæ fidei.*

Les conséquences de ce principe, appliqué au cas où les conventions sont rédigées par écrit, sont énoncées à l'article 1135 et au chapitre qui traite de l'interprétation des conventions (art. 1156 et suivans; voyez surtout art. 1160).

Quant aux effets des conventions entre les parties contractantes, leurs héritiers et successeurs à titre universel ou particulier, selon qu'elles ont pour objet des obligations réelles ou personnelles, et quant à leurs effets à l'égard des tiers, nous renvoyons aux articles 1119 et suivans, et aux articles 1165 et suivans, qui sont hors de notre sujet.

De l'obligation de donner, de faire ou de ne pas faire.

L'obligation naissant d'une convention, peut avoir pour objet ou la transmission d'un droit, ou l'accomplissement ou l'omission d'un fait. La première, ayant pour conséquence immédiate la délivrance d'une chose, constitue l'obligation de donner; la seconde forme l'obligation de faire ou de ne pas faire.

Dans toute obligation de donner il faut distinguer deux choses : la transmission du droit et la transmission de la possession. Les droits transmis par une convention peuvent être des droits réels, tels que les droits de propriété, de servitude et d'hypothèque, ou des droits personnels ; et ces derniers, ou des droits purement personnels, tels que des droits de créance, ou des droits *ad rem et in rem scripta.*

Tous ces droits sont transmis par le seul effet de la convention ; la tradition de la chose qui en est l'objet ne sert qu'à en transférer la possession, ce terme pris dans son sens le plus étendu, c'est-à-dire comme la manifestation extérieure du droit auquel elle se rattache.

Le Code civil ne s'occupe spécialement que de la transmission du droit de propriété. Ce droit est acquis par le seul effet de la convention (art. 711, 1138, 1583).

L'obligation de livrer la chose est parfaite par le seul consentement des parties contractantes : elle rend le créancier propriétaire, et met la chose à ses risques dès l'instant où elle a dû être livrée, c'est-à-dire où l'obligation de la livrer est née, quand même le terme ne serait pas encore arrivé (*dies cedit et dies venit*), encore que la tradition n'en ait point été faite, sauf l'obligation de veiller à la conservation de la chose, dont nous parlerons plus tard, à moins que le débiteur ne soit en demeure de la livrer, auquel cas la chose reste aux risques de ce dernier, non comme lui appartenant, mais par l'effet de sa demeure (art. 1138).

Dans l'article 1138 et dans tous ceux qui sont placés sous la rubrique de l'obligation de donner, le Code suppose que la chose est déterminée dans son individualité ; si l'obligation consiste à livrer une chose déterminée seulement quant à son espèce, la propriété n'en est transmise que par la tradition, et son exécution s'en poursuit de même que celle d'une obligation de faire.

La convention est donc à la fois titre et moyen d'acquérir. Ce principe nouveau, établi par le Code civil, déroge à la fois au Droit romain et à l'ancien Droit français.

En Droit romain, les conventions ne conféraient jamais qu'un droit personnel et l'action qui y correspond (*condictio*).

Le droit réel et l'action en revendication n'étaient acquis que par la tradition, qui par conséquent était rangée parmi les moyens d'acquérir la propriété. Les conventions, au contraire, en étaient exclues. En Droit français la tradition ne transfère plus que la possession, sauf, à l'égard des meubles, la règle, en fait de meubles la possession vaut titre (art. 2279).

Si donc la chose qu'on s'est obligé de donner ou de livrer à deux personnes successivement est purement mobilière, celle des deux qui en a été mise en possession réelle, est préférée et en demeure propriétaire, encore que son titre soit postérieur en date, pourvu toutefois que la possession soit de bonne foi (art. 1141). Cette règle n'est pas applicable aux choses volées ou perdues (art. 2279, alinéa 2).

Le principe qui prévaut à l'égard des immeubles, entraîne une conséquence tout-à-fait contraire; si donc un immeuble a été vendu successivement à deux personnes, le premier acheteur en demeure irrévocablement propriétaire, par le seul effet de la convention, quoique le second se soit mis en possession de l'immeuble; la seconde vente serait nulle, comme vente de la chose d'autrui (art. 1599).

Dans l'ancien Droit français la tradition était aussi presque généralement requise pour l'acquisition de la propriété immobilière. Dans quelques provinces de Droit coutumier cependant, appelées pays de nantissement, cette propriété ne s'acquérait que moyennant une investiture de la part de l'autorité. La loi du 11 Brumaire an VII, sur les hypothèques, remplaça cette investiture par la transcription, c'est-à-dire par la copie littérale de l'acte translatif de propriété sur un registre public. D'après cette loi, le second acquéreur d'un immeuble était préféré au premier, s'il avait fait transcrire son titre avant celui-ci.

Les rédacteurs du Code civil, encore indécis sur le système qu'ils adopteraient, en rédigeant les articles 1140 et 1583, ont enfin consacré, dans le titre des hypothèques, le principe ci-dessus énoncé, que la propriété s'acquiert par le seul effet de la convention (art. 2182).

La transcription, désormais inutile pour l'acquisition de la propriété, est encore requise pour rendre efficaces, à l'égard des tiers, les donations d'immeubles susceptibles d'hypothèques (art. 939; voyez 938), pour conserver les priviléges du vendeur et du bailleur de fonds (art. 2108), et pour purger les priviléges et hypothèques antérieurs à l'aliénation et non inscrits dans la quinzaine de la date de la transcription (art. 2182, Code de procédure art. 834); elle met enfin l'acquéreur en position de prescrire et de purger les priviléges et les hypothèques inscrits ou dispensés d'inscription (art. 2183 et 2195).

Tous les autres droits réels et personnels se transmettent par l'effet seul de la convention, à l'exception seulement :

1.° Des hypothèques, qui ne deviennent efficaces à l'égard des tiers et ne prennent rang qu'à dater de leur inscription (art. 2134).

2.° Des cessions de créance. Le cessionnaire d'une créance civile n'est saisi, à l'égard des tiers, que par la signification du transport faite au débiteur, ou par l'acceptation de ce dernier dans un acte authentique (art. 1689 et 1690). Quant aux créances commerciales, on y applique tantôt la maxime : en fait de meubles la possession vaut titre, comme aux billets au porteur; tantôt elles sont transmises par l'endossement, comme les lettres de change. Les rentes sur l'État se transmettent par un transfert, et les actions des sociétés commerciales sont susceptibles de ces trois modes de transmission.

Les obligations imposées au débiteur d'une obligation de donner, sont :

1.° De livrer la chose qui en est l'objet. Nous avons déjà vu quel était l'effet de cette délivrance. Quant aux différentes manières dont elle se fait, nous renvoyons au titre de la vente (art. 1604 et suivans).

2.º De conserver la chose jusqu'à livraison. Nous parlerons de l'étendue de cette obligation sous la rubrique des dommages-intérêts.

Les dispositions du Code sur l'obligation de faire et de ne pas faire ont principalement pour objet l'exécution de ces obligations; nous les examinerons dans le chapitre suivant.

De l'exécution des obligations.

Toute obligation confère au créancier le droit d'en demander l'exécution au débiteur. Cette exécution est ou volontaire ou forcée.

La première est réglée par la convention ou par la loi (art. 1235 et suiv.). La seconde ne peut avoir lieu qu'en vertu d'un acte notarié ou d'un jugement revêtus de la formule exécutoire. Un jugement est toujours nécessaire, lorsque la convention n'a été faite que verbalement ou sous seing privé.

L'exécution forcée est directe ou indirecte. Elle n'est directe que lorsque le débiteur doit une chose déterminée dans son individualité, ou une somme d'argent, et que ces choses se trouvent en nature dans son patrimoine. Elle s'opère alors par la mise en possession forcée de la chose due. Dans tous les autres cas l'exécution n'est qu'indirecte, et l'obligation se résout en dommages-intérêts, en vertu du principe que nul ne peut être contraint à l'accomplissement d'un fait (*nemo præcise ad factum cogi potest*), lorsqu'il s'agit d'une obligation de faire (art. 1142), et en vertu de la maxime *pretium succedit in locum rei,* lorsqu'il s'agit de l'obligation de donner une chose qui n'existe pas dans le patrimoine du débiteur. L'obligation, convertie en dommages-intérêts, c'est-à-dire en un paiement d'une somme d'argent, s'exécute par la saisie de cette somme, si elle existe en nature, ou par la saisie des biens meubles et immeubles du débiteur, suivie de leur mise aux enchères et du paiement sur le prix en provenant, en vertu du principe que les biens du débiteur sont le gage de ses créanciers (art. 2092 et 2093), et des maximes *res succedit in locum pretii*, et *pretium succedit in locum rei.* Le Code de procédure s'occupe des différentes espèces de saisies et du mode de les opérer. Un mode d'exécution tout-à-fait indirecte est la contrainte par corps. Ce n'est pas ici le lieu d'en parler. Dans les contrats synallagmatiques parfaits le créancier peut, au lieu de choisir la voie de l'exécution forcée, demander la résolution du contrat, et faire condamner le débiteur simplement aux dommages-intérêts résultant de cette résolution.

Si l'obligation est de ne pas faire, celui qui y contrevient doit les dommages-intérêts par le seul fait de la contravention (art. 1145). Le créancier peut demander en outre la destruction des ouvrages faits en contravention et se faire autoriser à les détruire lui-même aux dépens du débiteur (art. 1143). Lorsque l'obligation est de faire, le créancier peut être autorisé à la faire exécuter lui-même aux dépens du débiteur. Dans le cas d'extrême urgence il le peut même sans autorisation. Le débiteur poursuivi en dommages-intérêts pour inexécution d'une telle obligation peut toujours offrir de faire la chose promise; il ne doit alors que les dommages-intérêts résultant de son retard.

Des dommages-intérêts.

Tout fait quelconque de l'homme qui cause à autrui un dommage, oblige celui par la faute duquel il est arrivé à le réparer, c'est-à-dire, le rend passible de dommages-intérêts (art. 1382). Ici nous ne nous occuperons que des dommages-intérêts résultant de l'inexécution d'une obligation, qu'elle soit du reste conventionnelle ou non, et nous renvoyons au titre IV pour les dommages-intérêts naissant d'un délit ou d'un quasi-délit. Toute obligation confère au créancier le droit de poursuivre en dommages-intérêts le débiteur qui ne l'exécute pas, et dans le cas d'inexécution nous comprenons ceux d'une exécution irrégulière ou tardive.

I. *Des causes pour lesquelles les dommages-intérêts sont dus.*

1.º DE LA DEMEURE.

Les dommages-intérêts ne sont dus que par le débiteur en demeure (*in mora*).

Le débiteur qui contrevient à un engagement de ne pas faire, est en demeure par le seul fait de sa contravention (art. 1145); il est de même en demeure par le seul événement du dommage arrivé à la chose confiée à sa garde par une cause dont la loi le rend responsable.

Le débiteur en retard d'exécuter son obligation est mis en demeure :

1.º Par le seul fait de son inexécution, lorsque sa nature est telle qu'elle ne pouvait être exécutée que dans un certain temps qu'il a laissé passer (1146);

2.º Par la loi, dans le cas prévu par l'article 1657, et surtout lorsque, l'obligation consistant dans le paiement d'une somme d'argent, les dommages-intérêts réduits à l'intérêt légal courent de plein droit (art. 456, 474, 856, 1378, 1440, 1473, 1548, 1570, 1652, 1846, 1996, 2001);

3.º Par le seul effet de la convention, lorsqu'elle porte que, sans qu'il soit besoin d'acte et par la seule échéance du terme, le débiteur sera en demeure (art. 1139) : une seule de ces phrases, qui paraissent à peu près équivalentes, suffirait pour constituer le débiteur en demeure; cependant la prudence paraît exiger qu'on les emploie à la fois;

4.º Par une interpellation de la part du créancier, généralement nécessaire dans tous les autres cas, contrairement au Droit romain, qui admettait la règle *dies interpellat pro homines.*

Cette interpellation peut être faite soit par une sommation extra-judiciaire (art. 1139), soit par tout autre acte équivalent, tel qu'une citation en conciliation contenant sommation de payer, ou une reconnaissance par acte authentique ou sous seing privé reconnu par le débiteur, de l'interpellation faite par le créancier. En matière de paiement de lettre de change et de billet à ordre elle doit être constatée par un officier public dans un acte nommé protêt (Code de commerce, art. 162 et suivans). Lorsque l'obligation a pour objet le paiement d'une somme d'argent, une simple sommation extrajudiciaire ne suffirait pas pour mettre le débiteur en demeure; dans tous les cas où les intérêts ne courent pas de plein droit, ils ne sont dus que du jour de la demande en justice (art. 1153; Code de procédure, art. 57).

Les effets de la demeure peuvent être annulés ou la demeure peut être purgée par la renonciation expresse ou tacite du créancier. Cette dernière a lieu dans le cas de mise en demeure par une citation en conciliation, lorsque le créancier ne forme pas sa demande dans le mois (art. 57, Code de procedure); c'est à la prudence du juge à décider si le créancier a renoncé à la mise en demeure ou non, par suite de son inaction après une sommation extrajudiciaire. La demeure du débiteur est aussi purgée dans le cas où le créancier ne se présente pas au jour et au lieu indiqués pour le paiement.

Le débiteur en demeure ne peut repousser la demande en dommages-intérêts dirigée contre lui, qu'en prouvant que l'inexécution de l'obligation provient d'une cause dont la loi ne le rend pas responsable. Elle peut provenir de son fait ou d'une cause étrangère, d'un cas fortuit ou d'une force majeure.

2.° DU DOL ET DE LA FAUTE.

L'inexécution provenant du fait ou de l'omission du débiteur, peut avoir pour cause son dol et sa mauvaise foi, ou simplement sa faute. Le débiteur est toujours responsable de son dol, tellement que la clause d'une convention qui aurait stipulé le contraire, serait nulle.

La théorie de la faute et des cas où le débiteur en est responsable, est plus compliquée. Les jurisconsultes romains divisaient la faute (*culpa*), en faute grave (*culpa lata*), et faute légère (*culpa levis*). Les interprètes y ont ajouté la faute très-légère (*culpa levissima*), terme qu'on ne trouve qu'une fois dans la Digeste (*L.* 44, *Pr. D. ad legem Aquiliam*, *l.* 9, *tit.* 2), et ont fondé leur doctrine sur la division qu'ils faisaient des hommes par rapport à l'administration de leurs biens, en trois classes, savoir en hommes légers et insoucians, en bons pères de famille, et en hommes vigilans et vétilleux. Ils appelaient la faute large, légère où très-légère, suivant qu'elle n'aurait pas été commise par l'homme léger, par le bon père de famille ou par l'homme vétilleux. Enfin, ils considéraient encore la faute tantôt *in abstracto*, tantôt *in concreto*, eu égard au caractère de celui qui l'avait commise.

Ils rendaient responsable tantôt de la faute large, tantôt de la faute légère, tantôt de la faute très-légère même, selon que la convention avait été contractée dans l'intérêt unique du créancier, ou dans l'intérêt des deux parties ou dans l'intérêt seulement du débiteur. Cette division des fautes, plus spécieuse qu'utile, et pleine de difficultés dans l'application, n'a pas été reproduite par le Code civil. L'article 1137, qui ne parle que de l'obligation de conserver la chose, est applicable à toutes espèces d'obligations; le débiteur doit, en règle générale, apporter à leur exécution tous les soins d'un bon père de famille.

Cette obligation cependant est plus ou moins étendue relativement à certains contrats. Quelquefois le débiteur doit apporter plus de soins à la garde de la chose d'autrui qu'à la sienne propre (art. 1882); quelquefois les mêmes soins seulement (art. 1927); tantôt la loi est bien sévère envers lui, comme dans l'article 1928, tantôt très-indulgente (voyez art. 804, 1374, 1992).

3.° DU CAS FORTUIT ET DE LA FORCE MAJEURE.

En règle générale, le débiteur n'est pas responsable du cas fortuit ou de la force majeure (art. 1147, 1148; *casum nemo præstat, casum sentit dominus, res perit domino*). Il l'est par exception :

1.° Lorsque la loi ou la convention le charge de cette responsabilité (arg. art. 1302, alinéa 2; art. 1385, 1825);

2.° Lorsque le cas fortuit ou la force majeure ont été précédés d'une faute de sa part (art. 1807, 1881);

3.° Lorsque ces événemens ne sont arrivés qu'après sa mise en demeure. Si cependant la chose fût également périe chez le créancier dans le cas où elle lui eût été délivrée, le principe *res perit domino* reprend son empire (art. 1302, 1042).

Le débiteur en demeure a toujours à prouver le cas fortuit qu'il allègue ou la non-responsabilité de sa faute (art. 1147, 1302, alinéa 3).

II. *De l'étendue des dommages-intérêts et de la manière de les fixer.*

Les dommages-intérêts comprennent :

1.° La réparation du dommage que le créancier démontre avoir éprouvé (*damnum emergens*);

2.° Une indemnité représentative du gain dont il justifie avoir été privé (*lucrum cessans,* art. 1149). Cette règle est soumise aux modifications énoncées aux articles 1150, 1151 et 1152.

Elle souffre encore exception, lorsque l'obligation consiste dans le paiement d'une somme d'argent.

D'une part, le débiteur mis en demeure par un des modes indiqués ci-dessus ne doit alors que les intérêts légaux (intérêts moratoires) de la somme due (art. 1153); sauf cependant les cas prévus à l'article 1846 en matière de société, à l'article 2028 en matière de cautionnement, et aux articles 177 et suivans du Code de commerce. Ces intérêts sont fixés à cinq pour cent en matière civile et à six pour cent en matière commerciale par la loi du 3 Septembre 1807. D'autre part le créancier n'est jamais tenu de justifier d'aucune perte.

Les intérêts échus d'un capital peuvent produire des intérêts moratoires, pourvu qu'il s'agisse d'intérêts dus pour une année entière. L'anatocisme n'est donc plus défendu à cette dernière restriction près; restriction qui cependant n'est pas applicable aux intérêts moratoires dus pour fermages, loyers, arrérages de rentes perpétuelles ou viagères, aux restitutions de fruits et aux intérêts payés par un tiers en l'acquit du débiteur. Ces intérêts sont dus pour un temps moindre aussi qu'une année, du jour de la mise en demeure du débiteur (art. 1155).

Les dommages-intérêts qui ne sont pas fixés par la loi, comme dans le cas précédent, peuvent être fixés par la convention. Les parties peuvent stipuler que celle qui manquera d'exécuter son engagement paiera une certaine somme à titre de dommages-intérêts. Cette convention forme alors une véritable clause pénale (art. 1226 et suivans). Dans ce cas le juge ne peut allouer à l'autre partie une somme plus forte ni moindre que celle stipulée (art. 1152), excepté seulement le cas où l'obligation a été exécutée en partie (art. 1231). Lorsque l'obligation consiste dans le paiement d'une somme d'argent, il n'est pas permis aux parties de stipuler des intérêts supérieurs au taux légal.

A défaut d'être fixés par la loi ou la convention des parties, les dommages-intérêts sont fixés par le juge ou par des experts (Code de procédure, art. 523 et suivans).

JUS ROMANUM.

Conventio est duorum vel plurium in idem placitum consensus (*L. I*, §. 2, *ff. de pactis, lib. II, tit.* 14). Conventio vel obligationem parit, vel non : prima tantum ad Jus pertinet, de eaque tantum loquemur. Obligatio est vinculum juris, quo necessitate adstringimur alicujus rei solvendæ secundum nostræ civitatis jura (*Pr. Inst. de obligationibus*). Obligatio ex conventione nata, aut civilis est, aut naturalis tantum, secundum quod causam civilem habet conventio, vel non. Ex quo sequitur divisio conventionum in contractus quibus causa civilis obligandi inest, et in pacta quibus non.

Contractus omnes actionem pariunt et exceptionem. Dividuntur autem, secundum naturam causæ obligandi, in consensuales, reales, litterales et verbales; id est, secundum quod obligatio vel nudo consensu, vel traditione alicujus rei, vel litteris, vel solemnibus quibusdam verbis contrahitur.

Contractus consensuales sunt : emptio-venditio, locatio-conductio, societas et mandatum. Reales sunt vel nominati, ut mutuum commodatum, depositum, contractus pigneratitius; vel innominati, qui actiones habent præscriptis verbis aut in factum, et qui ad quatuor reduci possunt casus : do ut des, do ut facias, facio ut des, facio ut facias.

Litterarum obligatio nominibus olim fiebat, postea autem, tunc præsertim, quum debitor mutui, exceptione numeratæ pecuniæ post biennium non amplius valente, non re, sed litteris obligaretur; sic etiam certo præterlapso tempore, debitor de restituenda dote agentem, exceptione dotis cautæ sed non numeratæ, repellere non potest; litteris, id est dotalibus instrumentis obligatur.

Contractus verbales tandem sunt veteris quidem juris dotis dictio; recentioris autem stipulatio, quæ fit solemni interrogatione et responsione.

Contractus litterales et verbales sunt stricti juris, tantumque ad id obligant quod in iis expressum est; in contractibus consensualibus et realibus vero, qui sunt bonæ fidei, præter id quod expressum est, omne id peti potest quod ex æquitate sequitur.

Contractus est lex partium; obligatio ex eo nata, siquidem ex consensu, mutuo tamen consensu tolli potest; nihil enim tam naturale est quam eo genere quidque dissolvere quo colligatum est (*L. XXXV, ff. De regulis juris, lib. L, tit.* 17); ideoque etiam omnes obligationes in stipulationem transmutatæ per acceptilationem, id est per contrariam stipulationem tolli possunt. Alios modos quibus tollitur obligatio præterimus (vide *Inst. quibus modis tollitur obligatio, lib. III, tit.* 30).

Pacta sunt conventiones quæ causam civilem obligandi non habent. Dividuntur in pacta nuda, quæ actionem non habent sed tantum exceptionem, et in pacta non nuda seu vestita, quæ actionem habent et exceptionem, et quidem sunt vel pacta adjecta contractui bonæ fidei, ut pactum protimiseos, pactum de retrovendendo, in diem addictio, pactum reservati dominii vel reservatæ hypothecæ, pactum de non præstanda evictione, pactum commissorium, pactum displicentiæ, pactum de non alienando; vel pacta legitima, ut donatio, ut pactum de dote constituenda; vel pacta prætoria, ut constitutum pecuniæ, precarium. Pactis adjectis per contractus quibus adjiciuntur, legitimis a jure civili recentiori, prætoriis a prætore actio confertur.

Conventiones nunquam jus in re et vindicationem, sed tantum jus ad rem et condictionem conferunt. Traditionibus dominia rerum, non nudis pactis transferuntur (*L. XX, Cod. de pactis, lib. II, tit.* 3). Nunquam tamen nuda traditio transfert dominium; sed ita, si venditio aut aliqua justa causa præcesserit, propter quam traditio sequeretur (*L. XXXI, Pr. ff. De acquirendo rerum dominio, lib. XLI, tit.* 1). Conventio est igitur titulus, traditio modus acquirendi.

Omnis debitor obligationem sibi impositam exsequi debet; quod si non fit, ad damnum vel id quod interest præstandum tenetur. Damnum, sensu lato, comprehendit damnum emergens et lucrum cessans (quantum mea interfuit, id est, quantum mihi abest quantumque lucrari potui. *L. XIII, Pr. ff. Rem ratam habere, lib. XLVI, tit.* 8).

Fieri potest vel casu, vel culpa debitoris.

Casus est quodcunque factum humanis viribus superius, quare etiam vis divina, vis naturalis, vel fatum appellatur. Casum nemo præstat, nisi debitor in mora.

Culpa vel facto, vel omissione consistere potest, et est quidem vel dolus vel culpa sensu strictiori. Dolus est vel bonus vel malus. Dolum malum LABEO sic definit : esse omnem calliditatem, fallaciam, machinationem, ad circumveniendum, fallendum et decipiendum alterum adhibitum (*L. I*, §. 2, *ff. De dolo malo, lib. IV, tit.* 3). Dolum bonum autem, de quo hîc non amplius loquemur, veteres pro solertia accipiebant, maxime si adversus hostem latronumve quis machinaretur (*ibid.,* §. 3).

Culpa est vel lata, dolo proxima, vel culpa levis, aut culpa strictissime sic dicta. Culpa levissima semel tantum in Corpore juris reperitur (*L. XLIV, Pr. ff. ad legem Aquiliam, lib. IX, tit.* 2). Dolus et culpa lata semper præstari debent; culpa levis secundum varia obligationum genera, nunc præstanda est et nunc non.

Specialis causa damni præstandi est mora, quæ potest esse aut ex persona aut ex re; in ea valet regula, dies interpellat pro homine. Omnis debitor qui die ad solutionem constituto obligationem non solvit, eo ipso in mora est, atque de damno præstando tenetur, etiamsi casu evenerit. Mora creditoris liberat debitorem ab obligatione rei custodiendæ.

PROCÉDURE CIVILE.

De l'interdiction.

La demande en interdiction peut être intentée par tout parent et par le conjoint de l'individu à interdire; elle ne le peut être par le ministère public que dans le cas de fureur et lorsqu'elle n'est provoquée par aucune des personnes susdites, ou même dans le cas d'imbécillité et de démence, lorsque cet individu n'a ni conjoint ni parens connus (art. 490, 491 du Code civil); elle est portée devant le tribunal de première instance dans le ressort duquel est le domicile de l'individu à interdire, et dirigée contre ce dernier (art. 492 du Code civil) : elle est formée sans citation en conciliation par une requête présentée au président du tribunal, dans laquelle sont énoncés les faits d'imbécillité, de démence ou de fureur; on doit en même temps y joindre les pièces justificatives et indiquer les témoins (art. 890 du Code de procéd.; art. 493 du Code civil).

Le président ordonne la communication de la requête au ministère public et commet un juge pour faire son rapport à jour indiqué en la chambre du conseil (art. 891 du Code de procéd.). Si les faits sont pertinens, le tribunal ordonne, sur le rapport du juge et les conclusions du ministère public, que le conseil de famille, formé selon le mode déterminé par le Code civil, donne son avis sur l'état de la personne dont l'interdiction est demandée (art. 892 du Code de procéd.). Ceux qui ont provoqué l'interdiction ne peuvent en faire partie. Cependant l'époux ou l'épouse, et les enfans de la personne dont l'interdiction est provoquée, peuvent y être admis sans y avoir voix délibérative (art. 495). Si le conseil de famille vote pour l'interdiction, son avis est soumis par une requête au tribunal, qui ordonne l'interrogatoire. Avant qu'il y soit procédé, l'avis du conseil de famille et la requête sont signifiés au défendeur, qui en même temps est sommé de comparaître en la chambre du conseil (art. 893 du Code de procéd.; art. 496 du Code civil). S'il ne peut s'y présenter, il est interrogé dans sa demeure par l'un des juges à ce commis, assisté du greffier. Dans tous les cas le procureur du roi doit être présent à l'interrogatoire (art. 496), qui peut être successivement répété plusieurs fois. Après le premier interrogatoire, le tribunal peut nommer un conseil provisoire pour prendre soin de la personne et des biens du défendeur (art. 497 du Code civil).

Après l'interrogatoire, la procédure en la chambre du conseil est terminée, le tribunal doit en tout cas renvoyer à l'audience, ou pour faire procéder à une enquête, s'il n'a pas encore acquis des preuves suffisantes par les pièces et l'interrogatoire, ou pour prononcer le jugement définitif. L'enquête se fait d'après les règles établies aux articles 252 et suivans du Code de procédure. Le tribunal peut cependant ordonner qu'elle se fasse hors de la présence du défendeur, si les circonstances l'exigent; mais dans ce cas son conseil peut le représenter (art. 893 du Code de procéd.). Du reste, le défendeur doit être assigné en due forme, et l'assignation doit être précédée de la copie de l'interrogatoire et des autres pièces. Après l'enquête, ou, à défaut d'enquête immédiatement, après le renvoi à l'audience, le tribunal doit prononcer définitivement, soit en renvoyant le défendeur, soit en l'interdisant, soit en lui donnant un conseil judiciaire (art. 499 du Code civil.)

Le jugement ne peut être rendu qu'à l'audience publique, les parties entendues ou appelées (art. 498 du Code civil) et sur les conclusions du ministère public (art. 515 du Code civil).

Il est toujours susceptible d'appel; si c'est le défendeur qui interjette l'appel, il sera dirigé contre le provoquant; si c'est le provoquant ou un des membres du conseil de famille, il le sera contre le défendeur. En cas de nomination de conseil, l'appel de celui auquel il aura été donné, sera dirigé contre le provoquant (art. 894).

En cas d'appel, la cour peut, si elle le juge nécessaire, interroger de nouveau ou faire interroger par un commissaire, la personne dont l'interdiction est demandée (art. 500 du Code civil).

Tout arrêt ou jugement portant interdiction ou nomination de conseil est, à la diligence des demandeurs, levé, signifié à partie et inséré dans les dix jours sur les tableaux qui doivent être affichés dans la salle de l'auditoire et dans les études des notaires de l'arrondissement (art. 501).

L'interdiction a son effet du jour du jugement (art. 502 du Code civil). Immédiatement après ce jugement ou après l'arrêt, s'il en a été appelé, il est pourvu à la nomination d'un tuteur et d'un subrogé tuteur à l'interdit, suivant les règles prescrites au Code civil et au titre : Des avis des parens, du Code de procédure (art. 895 du Code de procéd.; art. 406 et suivans du Code civil; art. 882 et suivans du Code de procéd.).

L'administrateur provisoire, nommé en exécution de l'article 497 du Code civil, cesse ses fonctions et rend compte au tuteur, s'il ne l'est pas lui-même. (art. 895 du Code de procéd.).

Les demandes en nomination de conseil (art. 513 et suivans du Code civil) et celles en main-levée d'interdiction ou de nomination de conseil sont instruites et jugées de la même manière (art. 896 et 897 du Code de procéd.).

DROIT COMMERCIAL.

De l'apposition des scellés en cas de faillite et de la nomination du juge commissaire et des agens de la faillite. (Code de comm., art. 449 — 461.)

La faillite est l'état du commerçant qui a cessé ses paiemens. Elle peut être ou faillite simple, ou banqueroute simple, ou banqueroute frauduleuse (art. 427 et suivans). Dans un événement où tant de droits sont compromis, la loi a dû intervenir pour défendre les prétentions des créanciers contre un débiteur souvent de mauvaise foi; pour prêter appui à un débiteur de bonne foi contre des créanciers trop sévères; pour mettre, enfin, de l'ordre dans toutes les opérations et par là empêcher que la fortune du débiteur ne se consume en frais inutiles. De là les dispositions suivantes.

1.° La faillite existant de fait par la cessation de paiemens de la part du débiteur, n'existe en Droit que par un jugement du tribunal de commerce du domicile du failli. Ce jugement, qui déclare l'ouverture de la faillite (art. 441), peut être provoqué par la déclaration du failli, par la requête d'un de ses créanciers ou par la notoriété publique (art. 449). L'effet de cette déclaration est de dessaisir le failli de l'administration de ses biens et de rendre nuls tous les actes faits par ce dernier postérieurement à ce jugement, ainsi que ceux qui sont énumérés aux articles 443 et suivans.

2.° L'époque de l'ouverture de la faillite doit donc être fixée par le tribunal; elle est déterminée par les faits énoncés à l'article 441. Elle peut être fixée provisoirement ou définitivement dans le

jugement qui déclare l'ouverture de la faillite ou dans un jugement postérieur. Le tribunal peut du reste la faire remonter à
plusieurs années avant la déclaration de la faillite.

Le jugement qui déclare l'ouverture de la faillite, et qui en fixe
l'époque, n'étant jamais contradictoire, la loi à voulu remédier par
une grande publicité à cette expèce de vice dont il est entaché ;
il est donc affiché et inséré par extrait dans les journaux, et l'af-
fiche et l'insertion sont constatées, suivant le mode établi aux articles 683 et suivans du Code de procédure (art. 457).

Il est exécutoire provisoirement, mais susceptible d'opposition,
comme tout jugement par défaut. Cette opposition peut avoir pour
objet ou d'annuler le jugement qui déclare la faillite, ou simplement d'en faire fixer l'époque à une autre date. Le failli, ne pou-
vant ignorer l'existence de ce jugement, n'a que huit jours, à dater
de la publication, pour s'y opposer. Les créanciers, au contraire,
ayant souvent leur domicile à une grande distance de celui du
failli, peuvent l'ignorer pendant long-temps. Ils sont divisés er deux
catégories. Tout créancier ou intéressé présent ou représenté peut
s'opposer jusques et y compris le jour du procès-verbal constatant
la vérification des créances; les créanciers en demeure, c'est-à-dire
ceux qui, avertis par des lettres, ne se sont pas présentés ou fait représenter, le peuvent jusqu'à l'expiration du dernier délai qui
leur a été accordé (art. 457). Ce jugement est d'ailleurs susceptible
d'appel, comme tout autre jugement.

3.° De peur que le débiteur ne détourne quelqu'effet faisant
partie de la masse de la faillite, le tribunal doit ordonner l'apposition des scellés dès qu'il a eu connaissance de la faillite par une
des manières indiquées à l'article 449. Expédition du jugement est
sur-le-champ adressée au juge de paix du canton où se trouvent
les meubles susceptibles de l'apposition des scellés. Si ces meubles
se trouvent dans différens cantons, il doit être fait autant d'expé-
ditions qu'il y a de cantons.

Le juge de paix peut aussi apposer les scellés d'office et sur la notoriété acquise (art. 450). Il ne doit cependant user de cette faculté qu'avec beaucoup de circonspection, et doit s'en abstenir, en règle générale, dans le cas où il réside dans un canton où il y a un tribunal de commerce.

L'article 451 énonce les objets auxquels les scellés doivent être apposés; ce sont les magasins, comptoirs, caisses, porte-feuilles, livres, registres, papiers, meubles et effets du failli.

Si la faillite est faite par des associés réunis en société collective les scellés sont apposés non-seulement dans le principal manoir de la société, mais dans le domicile séparé de chacun des associés solidaires; chacun étant tenu pour toutes les dettes, tous ses biens sont le gage commun de ses créanciers (art. 452).

Dans tous les cas, que les scellés aient été apposés en vertu d'un jugement, ou sur la notoriété publique, le juge de paix adresse sans délai au tribunal de commerce le procès-verbal de l'apposition des scellés (art. 453). Quant à la manière de l'exécuter et de la constater, nous renvoyons au Code de procédure (art. 907 et suiv.).

4.° Le tribunal de commerce ordonne en même temps ou le dépôt de la personne du failli dans la maison d'arrêt pour dettes, ou la garde de sa personne par un officier de police ou de justice, tel qu'un huissier, un garde de commerce, ou un gendarme (art. 455).

Le tribunal exerce la contrainte par corps contre le failli au nom de tous ses créanciers; par là même il les dessaisit de ce droit, que chacun aurait pu exercer séparément, et les empêche de scinder les poursuites et d'augmenter les frais. Il ne peut en cet état être reçu contre le failli d'écrou ou de recommandation en vertu d'aucun jugement du tribunal de commerce (art. 455).

5.° Le failli étant dessaisi de l'administration de ses biens par la déclaration de la faillite, cette administration est confiée à la masse des créanciers, sous la surveillance du tribunal. Mais, puisque le tribunal et les créanciers peuvent difficilement agir collectivement,

la surveillance confiée au tribunal est exercée par un représentant,
le juge-commissaire, et l'administration des biens est confiée à un
ou plusieurs mandataires des créanciers. Cette administration est
divisée en trois périodes. Dans la première elle est confiée à des agens
provisoires nommés par le tribunal, les créanciers n'étant pas encore connus; leurs fonctions cessent après la confection du bilan
(art. 470). Alors le tribunal convoque les créanciers, et nomme les
syndics provisoires, d'après la liste qui lui est présentée par ces
derniers. Les fonctions des syndics provisoires s'étendent jusqu'à la
vérification des créances (art. 501). Les droits de tous les créanciers
étant alors constatés, la loi leur confére le droit de choisir eux-
mêmes leurs mandataires sans le concours du tribunal; ils nomment
les syndics définitifs, dont les fonctions ne cessent qu'à la fin de la
faillite.

Par le même jugement qui fixe l'époque de l'ouverture de la faillite, le tribunal nomme un de ses membres commissaire de la faillite (art. 454). Les fonctions de ce juge consistent à surveiller la gestion
de la faillite pendant la durée de l'administration des agens provisoires, des syndics provisoires et des syndics définitifs (art. 458),
et de faire au tribunal de commerce le rapport de toutes les con-
testations que la faillite peut faire naître, et qui sont de la compé-
tence de ce tribunal; il est chargé spécialement d'accélérer la confection du bilan et la convocation des créanciers.

6.° Le tribunal nomme un ou plusieurs agens, suivant l'impor-
tance de la faillite, pour remplir, sous la surveillance du commissaire, les fonctions qui leur sont attribuées par la loi, et qui sont
énumérées aux articles 462 et suivans. Ces agens peuvent être choisis
parmi les créanciers présumés ou tous autres qui offriraient plus
de garanties pour la fidélité de leur gestion (art. 456). De peur cependant qu'on ne fasse de cette agence une espèce d'état, nul ne
peut être nommé agent deux fois dans le cours de la même année,
à moins qu'il ne soit créancier (art. 456). La gestion des agens

s'étend jusqu'à la nomination des syndics provisoires; elle ne peut durer que quinze jours au plus, à moins que le tribunal ne trouve nécessaire de la prolonger de quinze autres jours pour tout délai (art. 460). Les agens sont du reste révocables par le tribunal qui les a nommés (art. 460), et ils ne peuvent faire aucune fonction avant d'avoir prêté serment devant le commissaire, de bien et fidèlement s'acquitter de leurs fonctions (art. 461).

FIN.